CANCIÓN SEGUNDA

FABIO MORÁBITO

CANCIÓN SEGUNDA

VISOR LIBROS

VOLUMEN MCCXLIII DE LA COLECCIÓN VISOR DE POESÍA

© VISOR LIBROS
Isaac Peral, 18 - 28015 Madrid
www.visor-libros.com

ISBN: 978-84-9895-593-4
Depósito Legal: M-21174-2024

Impreso en España - Printed in Spain
Gráficas Muriel. C/ Investigación, n.º 9. P. I. Los Olivos - 28906 Getafe (Madrid)

Para Diego

I

EN LA MISMA PLAYA EN QUE APRENDIÓ

En la misma playa en que aprendió
mi hermano, aprendí a nadar
un año después de él.
Había dejado en el agua
un rastro fino que sentí en seguida
y me sostuvo cuando fue mi turno
de ir donde era hondo.

NUNCA SE HA PRESENTADO

Nunca se ha presentado
una bifurcación en mi camino,

no tuve que detenerme jamás,
otro antes que yo se había detenido,

abriéndome el paso,
y yo no preguntaba.

Ser el menor de dos hermanos
ha sido una ventaja,

pero el haber pasado indemne,
sin una sola herida, al cabo

duele, y más al ver
al otro herido por pasar primero.

No recuerdo haberme detenido
alguna vez con el semblante lívido,

pero cuántos hervores
me ponen rojo hasta la médula

por unas pifias remotas
que nadie más que yo recuerda

y solo a mí me causan embarazo.
¡Bifurcaciones ni que ocho cuartos!,

a mí me asaltan las vergüenzas
por idioteces cometidas de pequeño,

casi recién nacido,
casi en el útero materno.

Si el hermano mayor
se llena de raspones los brazos,

las piernas y los codos,
el menor se llena de sonrojos,

de heridas que no cierran.
El que se hiere es el mayor,

pero el menor es el que sangra,
el que recuerda.

CUÁNTAS PELÍCULAS VISTAS DE PIE

Cuántas películas vistas de pie
en aquel cine de barrio,
donde un asiento se conquistaba
a base de empujones,
cine sucio de butacas duras
que cambiaba de película cada dos días,
en ese tiempo de cambio de la voz
y del primer vello en las axilas;
el peor cine para los peores años,
con el dinero contado para el boleto,
la vista dividida entre pantalla y asientos,
por si uno se desocupaba de milagro.
Cuántas películas olvidé
por alternar el peso del cuerpo
sobre cada pierna,
cuánto cine padecido en los huesos,
cine de barrio para huir de la familia,
y de tanta oscuridad de fin de semana
no poder recordar un solo título, un solo actor
o actriz, una sola escena,
solo el dolor de estar parado,
defendiendo mi nicho junto a la pared,
a un costado o al fondo de la sala.

LA HISTORIA SE DESPIDE EN LA PANTALLA

La historia se despide en la pantalla,
y la canción, con esa voz soberbia
que cautiva,
nos clava en el asiento
leyendo los créditos finales.
¡Cuántos nombres!
¡Qué caterva de gente para hacer una película!
¿A todos los conoce el director?
¿Le ha dirigido la palabra
al segundo asistente de sonido?
¿Sabía que existe?
Se acaba la canción de voz soberbia,
pero el desfile en la pantalla continúa
y entonces entras tú al relevo,
canción segunda,
mientras se prenden las luces.
No sé cómo te llaman en el cine.
¿Canción de luces? ¿Canción vacía?
No sé tu nombre,
canción para vaciar los créditos
que me produce una congoja absurda.

CORTARON EL ÁRBOL DEL VECINO

Cortaron el árbol del vecino.
¿Acaso no nos pertenecían su majestuoso
follaje, su sombra y sus pájaros?
¿No hemos recogido una y otra vez sus hojas caídas
en este lado del muro?
Sin avisarnos lo redujeron a su mínima expresión
de la noche a la mañana.
¿No saben que los árboles no son mascotas de uno,
que no obedecen a un solo jardín?
¿Alguna vez protestamos por sus frutos podridos
que atraían a enjambres de moscas,
por uno que otro pajarillo caído del nido
que tuvimos que enterrar?
¿Por qué no nos dijeron nada?
Fueron años de considerarlo nuestro,
entró en casi todas las fotos familiares,
¿y ahora qué hacemos
con este inmenso golpe de cielo
que nos deja sin habla, sin derecho a quejarnos?

¿SE PUEDE AMAR A ALGUIEN…?

¿Se puede amar a alguien
a quien jamás se vio correr,
de cuyo tranco que acelera el pulso
nunca nos dio a probar un poco?

Corriendo,
una segunda desnudez,
más primitiva, aflora.

Así, un breve impulso,
incluso un salto a veces
es todo lo que Amor requiere
para acabar de darse.

Y yo no puedo ni siquiera
imaginar cómo corrías.

¿Corriste alguna vez?
¿En dónde? ¿Cuándo?

Me habría bastado un trote,
¿sabes?, un simple arranque tuyo
para comerte viva.

Pero tú hablabas
del hijo que querías de mí en tu cuerpo
aún adolescente.

Seguro que correr te parecía
una tontería, si estabas hecha
para dar a luz.

Qué claridad aterradora
y sin fisuras. Así Calipso
retuvo varios años a Ulises en su isla.

Pero está escrito que el amor
va junto con la brisa y que las Ítacas
acaban siempre por tener razón.

EL PRIMERO QUE DI FUE AMARGO

El primero que di fue amargo,
me estrené en los besos
con uno de despedida,
así aprendí que los labios y la lengua
no armonizan como en las películas.
Don Juan ponía la lengua
pero ocultaba el resto
y de ese modo se enteraban de quién era,
pero ya era tarde y de ese beso falso
se despeñaban las doncellas.
Don Juan siempre ha existido,
pero también los besos deslavados,
donde los labios comulgan
y la lengua rechaza, o al revés.
En cada beso he intentado
remediar aquel beso donjuanesco,
el primero que di, a la edad
en que los besos todavía
son objeto de regaños
(¿por qué los padres no creen
en los primeros besos de sus hijos?).
Me estrené en los besos
con uno de despedida
y recuerdo su nombre y me pregunto

si ella recuerda el mío.
Después supe de lenguas
que creen que besan
y solo asoman de labios para afuera.
Supe de labios fríos
que remoja una lengua ardiente.
Supe de besos carnívoros, soeces,
y besos dejados a medias
y supe qué mal se besa la gente.
Pero una vez estoy seguro que besé.
Pero una vez me supo al fin a boca un beso.
Besé sin preguntar de lenguas ni de labios,
solo besé con gusto lo que había,
sin pedir nada, besar y ser besado
y dejar a la boca hacer lo que sabía.

DE GOLPE ME DETUVE

De golpe me detuve,
la invitación estaba hecha
y no dudé: ser uno más,
entrelazado bajo el suelo a todos ellos.
Qué fácil, a esa edad, hundirse,
qué paz dan las raíces,
en vez de estar sobre dos pies.
Todo lucía profundo y grato.
Yo estaba listo, pero algo me distrajo,
tal vez un soplo frío
o ver cruzar los pájaros veloces,
y me bastó anhelar sus alas
para que el sueño que tenía
se fuera por las ramas
y me encontré de nuevo
ahí, sobre mis pies,
parado en la arboleda,
sin alas ni raíces.

EN MI COCINA, UNA HORMIGA

En mi cocina, una hormiga.
Busca comida, ya sé.
El hormiguero está hambriento
y la mandaron de espía.
«Ve, Inés, a ver qué ves».
Ay, hormiga, ve tranquila,
no debes temer mi dedo
por esta única vez,
porque me duele tu hambre,
tu soledad y tu anemia,
porque estamos en pandemia
todos, pequeños y grandes,
los de dos piernas lo mismo
que los de seis patas negras,
sí, todos los seres vivos,
por el hecho de nacer.
Ve, Inés, a ver qué ves
en mi cocina y no temas
a ninguno de mis dedos
por esta única vez.

NADIE NOS DIJO QUE LAS ISLAS DE LOS RÍOS

Nadie nos dijo que las islas de los ríos
son efímeras,
que duran lo que tardan los detritos que las forman
en empujarlas hacia una orilla,
borrándolas del mapa para siempre.

Quién sabe bajo qué edificios de Ferrara,
qué calles o canchas de futbol te ocultas,
isla de Belvedere del río Po,
el último jardín del Humanismo,
donde Torquato Tasso recitó su *Aminta*.

Dije, subiéndonos al taxi:
«Isla de Belvedere, por favor»,
y el hombre nos miró por el espejo.
«¿Isla de qué?», nos dijo,
y al ver su cara nos bajamos.

Así aprendimos que las islas de los ríos
duran poco
y basta que la corriente se desvíe
para que queden absorbidas por la orilla
y nadie las recuerde al cabo de unos siglos.

Anduve tan perdido por buscarte,
isla de Belvedere,
y adonde preguntaba me bajaban de los taxis.

Creía que las islas de los ríos
son eternas
y que la gente todavía lee el *Aminta.*

Pondré en mi tumba
estas palabras:
«Isla de Belvedere, por favor»,
tal vez así te alcance,
y si hay Dios,
que sea como el taxista
de ese día,
no vuelve la cabeza y solo mira
por el retrovisor.

LLEGAMOS AL CASTILLO

Llegamos al castillo
cruzando el calor de julio.
Lo rodeaba un foso de agua
cubierto de una lama espesa.
Busqué una piedra
para que mi hijo viera
que lo que aparentaba ser un prado era
agua estancada y pútrida,
pero no hallé ninguna piedra,
ni un guijarro
para arrojar y ver cómo se hundía.

Para que él viera
que lo que parecía un amable césped
era un engaño en el calor de julio.

¿No es para eso un padre:
para desengañar a tiempo
y no formar ilusos de por vida?

Y mientras él miraba
y yo buscaba en vano algún objeto
en la avaricia de la plaza,
una racha de aire

en el calor de julio
abrió en la lama un surco,
luego un sendero
e hizo patente el espejismo
alrededor de aquel palacio.

Y siento todavía en los músculos
la piedra que le faltó a mi mano,
el milagro por obra del viento
y el tiro guardado y oculto.

II

VIAJÉ DE JOVEN A CUBA CON EL PELO LARGO

A Orlando González Esteva

Viajé de joven a Cuba con el pelo largo
y una señora asomada a un balcón
me preguntó si yo era Joan Manuel Serrat.
Estuve tentado de decirle que sí.
Qué aislada estaba Cuba del mundo
para que me confundieran
con el gran catalán. Solo por tener
el pelo largo. Qué aislado estuve
yo con mi pelo largo en Cuba,
donde todos me miraban,
qué lejos de la revolución socialista.
Debí decirle que sí a la señora
asomada y firmarle un autógrafo,
aprovechar ese balcón
de Cuba para unirme a la isla.

NO QUIERO IR A LA MORGUE

No quiero ir a la morgue,
quiero ir a París,

a la morgue, lo juro,
iré después de la Torre,

quiero estar abajo
de la bella estructura

y desde ahí mirar la punta
que las tuercas y las vigas

levantan sobre París.
A la morgue iré después

de ver cómo sube
el armazón fantástico

a base de giros de rosca,
tornillo a tornillo, remache

a remache, herrumbre feliz
que llega a las nubes.

NO ME JURASTE AMOR ETERNO

No me juraste amor eterno
y de eso no me quejo,
pero de ti siempre me hizo falta
un juramento.

NO ME IMAGINO EL MUNDO

No me imagino el mundo
sin limones, dijo,
y arrancó el más cercano
para que lo oliera.
Me llamo Eva, dijo, ¿y tú?
No sé si fue su risa,
lo fresco de la sombra
o los limones,
pero me dije: morir así,
oyéndola reír
y oliendo los limones.
Me llamo Fabio
y dije: sí,
nada sería lo mismo
sin los limones.
Hablábamos de amor
usando los limones,
arrancándolos del árbol
para decir «te amo»
y oliendo los limones
en lugar de besarnos.

¿CÓMO SABER SI ESOS DOS VAN JUNTOS?

¿Cómo saber si esos dos van juntos?
Delante de mí caminan,
ella de shorts azules, él de sudadera verde,
emparejados y sin mirarse,
pendiente cada cual de su jadeo.
Corría, pero me detuvo el desapego,
el hueco que ese par,
que iba corriendo como yo,
dejó crecer en medio de ellos, al grado
de que no sé si vienen juntos.
El resuello los une
(la unión de dos ensimismados),
o los separa como un muro,
si es que van juntos.
¿Así nos llevaremos en el otro mundo,
corriendo a trechos,
sin poder tocarnos,
unos de shorts azules
y otros de sudadera verde,
distantes como a veces en el juego del boliche
quedan de pie los pinos de los dos extremos?
Debí seguir corriendo,
ignorando esas dos columnas de Hércules
que caminan delante mío.

He unido mi jadeo al suyo
y formamos un triángulo,
porque no me atrevo a cruzar ese vacío.

SUEÑO QUE PIERDO LOS DIENTES

Sueño que pierdo los dientes,
los empujo con la lengua y se caen,
toco los huecos y exploro
esas zanjas en donde nada crece.

Sueño que quedan pendientes
antiguos exámenes,
acudo y me dicen que mi nombre
no aparece en la lista.

Desdentado y sin conocerme
despierto de la pesadilla,
repaso cada diente con la lengua
y cada sílaba de cómo me llamo.

No hay diente que no nazca flojo,
me digo, solo es cuestión de tiempo,
solo es cuestión de olvido
para que un nombre sea solo unas sílabas.

Ningún examen cierra un ciclo,
el afán de examinarse es infinito.
Con despertar a tiempo cada diente
reencuentra su lugar en las encías.

Cuánto dependo de mi boca:
los dientes que mastican, la lengua
que articula, y los labios,
los labios que no olvidan.

A MEDIAS DESPIERTO, CON UNA TAZA

A medias despierto, con una taza
de café que dejo que se enfríe
para no quemarme la lengua,

mientras el humo sube,
es cuando escribo versos
y mientras se enfría la taza

espero con el grifo abierto
que se caliente el agua de la ducha.
¿De qué podría escribir después

del baño, con una piel
que no le debe nada ya
a la cama y a lo soñado?

Entre la ducha que entra en calor
y la taza que lo pierde,
entre el humo en retirada

y el vapor que asciende,
en medio de estas dos temperaturas
escribo recién despierto

y ni yo sé lo que quiero:
si la ducha o la taza,
si el calor o el frío,

si los versos son
para no quemarme la lengua
o para seguir soñando.

¿PARA QUÉ SUBRAYAR LIBROS...?

¿Para qué subrayar libros
cuando eres viejo?
El que subraya
cuenta con regresar
y tú a estas alturas
de cada página leída te despides.
Ahórrate el fastidio
de resaltar una palabra o un párrafo.
En vez de frases suculentas
retén de cada libro
algo que no se pueda subrayar.
De bellas frases se hacen páginas,
no libros. Ahí está el cetáceo,
el gran herbívoro del mar,
que absorbe sin querer
el plancton que lo nutre.
Si hambre tiene, es de profundidad,
por eso viaja a lo más hondo como nadie.
Aprende de él y absorbe tú también
el plancton de los libros.

NO LEO LOS TÍTULOS

No leo los títulos,
me dan ñáñaras los epígrafes,
las dedicatorias
me valen un comino.
Lo que se pone antes
del poema
y que lo anuncia y lo prepara,
que lo abona para la lectura
y a veces lo explica
o al menos lo encamina,
me lo salto, la vida es corta
y ningún epígrafe resiste
el primer verso,
los títulos aburren
y las dedicatorias son banales,
hay que leer como un felino,
morder lo que haya que morder,
hay una poesía que se pierde
antes de empezar,
poetas que están muertos
desde el primer verso,
llegan sin voz al primer libro
y desde el primer premio así se siguen,
hay hombres que se pierden en pasillos,

su ir y venir no nos engaña,
como no nos engañan en las películas
los extras,
que van de prisa sin abrir ninguna puerta.

IR POR EL SURCO LIBRE DE LA PROSA

Ir por el surco libre de la prosa,
que me desintoxique de los versos,
dejarme ir al puro impulso del cuaderno
y que sea la página, sin trucos ni trancas,
la que dicte lo que siento.

III

OIGO LOS PASOS DEL INQUILINO

Oigo los pasos del inquilino
del departamento de arriba,
pasos de quien cree que el piso
es solo suyo,
como si no hubiera un techo,
el mío, que lo sostiene.
Como vive en el último piso
y no oye ningún paso sobre su cabeza,
cree que a nadie sostiene.
Tiene un techo todo para él
y de eso concluye
que así posee también el piso.
Ignora que los pisos son techos
e incluso el último techo
se construye para un piso futuro;
que en cada pared hay un arco enterrado
para el día en que los cuartos se unan
en una única pieza
y al que se cree propietario los muros
le muestran que solo posee el espesor de tabique
de lo hondo de un clavo.
Cuando mi vecino baja por las escaleras
pisa cada escalón con anchura de dueño
y todo el edificio se cimbra.

Ahora entiendo las hordas
de Gengis Kan que vivían en tiendas
y pisaron una inmensa llanura
arrasando poblados.
Mi vecino de arriba es un mongol
y su departamento, una yurta.

UNO VA

Uno va,
se sienta,
pide de comer
y en vez
de comida
le traen
la cuenta.

Y no falta
aquel que
paga y se va
sin haber
probado nada,
ni siquiera
un vaso
de agua.

Hay gente
así,
que paga
lo que hay
que pagar,
aunque
nada deba.

Se van
con la panza
vacía
y nadie
que los alcance
para decirles
regresa.

Se van
porque les trajeron
la cuenta,
porque
se sienten
de una especie
que no es
digna
de una mesa.

Se van con
su hambre
y la cuenta
pagada.

Y nadie
que los alcance
para decirles
regresa.

EL CHOQUE DE DOS BARCOS

El choque de dos barcos
es la cosa más aciaga.

Como el anuncio funesto
de un oráculo griego,

después de tanto navegar
sin ver un solo buque,

se han unido sus surcos
dando casco con casco.

La vastedad hecha trizas
y el horizonte en ridículo.

El choque de dos moles
es el golpe más duro,

una conflagración
que no exonera el cielo,

y un derrame de culpas
se esparce en las aguas.

Que los dos se hundan
y que nadie vea esto,

y aunque se hundan
no se irán a pique,

no: descenderán muy lento
hasta tocar las dunas

y dudaremos del abismo
como dudamos de lo inmenso.

EN CIERTAS ROCAS DEL OCÉANO

En ciertas rocas del océano
plantan faros para señalar
su presencia a los barcos,

faros en medio de la nada
cuya luz solo dice
aléjate de aquí.

Cuántos barcos
no habrán acabado su viaje
sobre esas rocas
fatales e inútiles.

Apenas visibles de día,
de noche son la angustia
de los que navegan.

De poco sirve un vigía
en la proa de los buques,
las más engañosas emergen
apenas al ras y otra ola
las cubre,

enormes cetáceos
que se nutren
de tiniebla
y mala suerte.

Los barcos pasan de largo
para evitar una catástrofe.

Quisiera haber nacido
en esas rocas,

sobre esa nada, mirando
los barcos pasar de largo,

sin casi oír a mis padres
por el clamor marino.

Haber crecido sin apenas
oír una palabra,
pero del mar haberlo oído todo.

ESTABAN AFINANDO

Estaban afinando,
cada uno repasaba
una escala o un arpegio,
nosotros esperando que empezara la música
y ya estaban haciendo música,
la que arranca a la madera del letargo
y les recuerda a los metales que están vivos,
la que se oye como se oyen
a los pájaros de un bosque,
cada uno ensayando su voz y su bosque.
Luego al fondo se abrió una puerta,
entró el director entre aplausos
y comenzó la música,
pero en nosotros resonaban todavía
el tamborazo suelto,
el pellizco gozoso de las cuerdas,
el soplido por el gusto de soplar.
¿Qué nos perdimos de la música
cuando empezó la música?
¿Por qué debe empezar la música?
¿Por qué aplaudimos si la música
no está en el fondo de un pasillo?

HAY PIEDRAS QUE SOLO SIRVEN

Hay piedras que solo sirven
como primeras piedras.

Más solas que ninguna piedra,
no conocen la sensación

del muro que las une
a las piedras comunes.

No saben del desacuerdo
profundo entre las piedras

(por eso levantar un muro
es cosa fina).

Muros, puentes, casas se hacen
de segundas y terceras piedras,

o de cascajo, para decirlo pronto.
Son pocas las primeras piedras,

una entre un millón de piedras,
y no se pegan a nada,

por eso sirven solo para hacer pirámides,
que a su vez no sirven para nada.

Las juntaremos en un museo
en donde estará prohibido tocarlas

y transmitirán un aire de cansancio
y soledad, incapaces

de una controversia profunda,
de un muro, de una argamasa.

COMO LOS EXTRAS DE UNA PELÍCULA

Como los extras de una película,
que nos obsequian su apariencia
para que lo que vemos sea creíble,
pues solo así, identificándonos,
nos cautiva lo que ocurre en la pantalla;
vaciados de sustancia como ellos
y sin embargo vivos, estrellas
de otras películas, tal vez, no de esta,
en la que solo les pidieron que cuidaran
de no voltear hacia la cámara
(con lo difícil que es fingir que ella no existe);
como los extras vivir un día
de andar como prestados,
bobeando desde que amanece,
de cuerpo entero pero incorpóreos
para que otros se completen.

MIRO EN UN LIBRO UNAS FOTOS

Miro en un libro unas fotos
de casas muy pequeñas,
con alcobas diminutas,

escaleritas de madera
y claraboyas en el techo
por las que penetra

una luz de cuento.
Casas con todo a la vista
con solo abrir la puerta,

sin rincones ocultos
en donde pudiera anidar
un oscuro huésped.

Casas para que dos se quieran
con la mirada limpia
y enlazadas las manos.

Pero una noche de viento
una rama que roza los vidrios
anuncia que el bosque está afuera,

y los dos, que no olían,
ahora huelen, y el olor, ese huésped
extraño, enemista sus manos.

Las ramas oprimen los vidrios
con un rasguño feroz que no cesa
y los dos han dejado

de mirarse a los ojos,
dejando a las manos que busquen
secretos del otro guardados.

¿HAS VISTO ESOS REMEDIOS EN FORMA DE CÁPSULAS…?

¿Has visto esos remedios en forma de cápsulas
que van llenas de unas bolitas minúsculas?

Así vamos dentro de la multitud
que baja por las escaleras móviles
para alcanzar los trenes,
una escalera después de otra,
más y más adentro del subsuelo,
como quien sube por un rascacielos invertido.

No sé de entre los dos quién guía al otro,
y aunque lo nuestro nunca fue tomarnos de la mano,
en medio de la turba que desciende,
conforme es absorbida por los trenes,
las escaleras móviles se hacen más angostas
y tus dedos se entrelazan a los míos.

Un tren nos espera allá abajo,
en la línea gris que apenas se distingue
en el mapa de las rutas de colores
y parece deslizarse debajo de ellas.
Es la única sin los círculos de las estaciones
y se pierde de vista
debajo de las rojas, amarillas y azules.

Un tren nos espera con las puertas abiertas,
lejos de la multitud que baja,
de las escaleras anchas,
de las líneas de colores vivos.

No tiene conductor y cuando empiece a moverse,
ruega que haya un andén al final de la ruta.
Esta es la línea que corre debajo de las otras,
la única sin los círculos de las estaciones.
Nos han traído aquí las escaleras móviles,
que nunca se equivocan.

¿Qué fue de nuestro amor?
No sé si lo preguntas tú
o lo pregunta el túnel.

Lo protegimos
de los colores demasiado vivos:
los anillos y la fiesta y los testigos
y el gran beso. Se deslizó
como esta línea gris, visible
solo para aquellos que descienden
sin voltear atrás.

Así escribí, borrando con renglones nuevos
lo ya escrito,
como la tecla de sobrescribir del Word,
en donde las palabras
devoran a sus congéneres.

Así me lo hacen ver las escaleras móviles:
cada escalón hundiéndose en su turno
para que el flujo permanezca idéntico.

Hemos llegado por debajo de las líneas de colores
a esta que transcurre sin un solo nombre,
traídos por los tramos más angostos.

Hemos dejado atrás la turba
para llegar donde los trenes
pasan de largo de las estaciones.
Somos dos bolitas minúsculas dentro de la cápsula
de un remedio
que viaja a la velocidad de un sorbo.
Nos han traído aquí escalones mágicos.
Ruega que haya un andén al final de la ruta.

IV

NO ENTIENDO AL ESPÍRITU SANTO

No entiendo al Espíritu Santo,
con todo respeto no sé qué es y qué hace
en medio del Padre y del Hijo,
como si estos sin él
fueran un padre y un hijo cualquiera.

Nunca he entendido a ese señor inmaterial
y de apellido grave,
el Espíritu Santo,
que le robó su puesto a la Virgen María,
tan dulce y necesaria.

Lo retratan como una paloma,
a falta de una caracterización más precisa.
Ahí estaba la Virgen muy puesta,
más clara que una gota
y más pura que la llama.

Yo soy ateo desde los doce
por culpa del Espíritu Santo,
como creo que casi todos los ateos.
Pongan a la Virgen dulcísima
y podemos sentarnos a hablar.

Me imagino al Hijo preguntarle
al Padre: ¿quién es este?
Es el Espíritu Santo, hijo.
Para qué sirve, pregunta Cristo.
Y el Padre se lo lleva aparte:

Habla en voz baja, que se ofende.
Ahora te explico. Hazte cuenta
que yo soy el fuego
y tú eres la madera.
Falta el cerillo. ¿Me comprendes?

¡Ah!, dice Cristo, en verdad
no lo había pensado.
La chispa del arranque, acota
el Padre, y se miran y exclaman:
¡El Espíritu Santo!

LE DIGO A R QUE VAYAMOS AL CAFÉ

Le digo a R que vayamos al café,
pero me dice que está cansado.
Le digo descansarás mejor
con una taza de café
y él dice okey, que me adelante,
y al doblar la esquina veo venir a D y a G.
Vamos al café, les digo,
R nos va a alcanzar ahí,
ese café es ruidoso, dice D,
yo objeto que a media tarde no va nadie
y sirven unos pasteles regios,
y G: sus mesas se tambalean
y hacen que se derrame el té,
y yo: es peor que se derrame el tiempo,
la vida se termina,
te alcanzaremos, prometen D y G,
y lo mismo dice K
cuando lo encuentro en la siguiente esquina;
opina que ese café es muy caro
y le digo que yo invito,
que irá R y nos alcanzarán D y G,
que la vida se termina y se derrama el tiempo
y habrá pasteles para todos,
y K: ve tú a abrir camino, yo no tardo,

y voy al café a esperarlos,
al cansado de R y al delicado de D,
al quisquilloso de G y al tacaño de K.
Me sirven un pastel muy malo, se me derrama
el té en la mesa, pago una cuenta
exorbitante y me retiro,
plantado por mis muertos
en un café semivacío.

CUANDO, HERMANO FRANCISCO

Cuando, hermano Francisco,
el lobo lame tu mano,
¿por qué elevas la mirada al cielo?

Los lobos no miramos como tú,
tenemos el hocico al ras de tierra,
siguiendo algún olor que nos trastorna.

Si alzamos la mirada es para aullar.
¿Has aullado alguna vez, hermano?

¿Por qué te apiadas de las criaturas?
¿Por qué criaturas,
si el hambre cría a todos por igual?

¿Por qué tu mano, siempre tu mano?
¿Dónde tienes las garras y los dientes?
¿Y dónde la jauría?
Un lobo sin jauría es nada, ¿y tú?

En esa mano tuya hay algo que repele,
sabemos de las manos de ustedes,
odiamos sus dedos y sus caricias,
su puro olor nos electriza el pelo.

No somos criaturas de tu Dios,
así que cuida la mano que tiendes,
porque no hay sumisión,
mientras nos acaricias te olemos,
siguiendo a nuestro único dios.

Con lengüetazos
que no te imaginas
cubrimos de ternura a los lobeznos,
y cuando, perdido el rastro
que seguíamos,
rendidos del cansancio,
hambrientos,
agobiados por los árboles,
buscamos el consuelo de la luna,
aullamos con locura,
agradecidos de estar vivos
—lobos y no criaturas—
en esta gran carnicería.

Pobre Francisco, pobre santo,
erguido en vano entre los lobos
de tu gente,
lobo tú mismo con tu mano.

¡A CUÁNTOS QUE ME FALLARON…!

¡A cuántos que me fallaron
les retiré mi afecto,

creyendo que la vida es larga
y volvería a quererlos!

¡Creer que para todo hay tiempo
es mi mayor defecto!

Lo digo en verso (otro defecto mío)
para no decirlo de manera franca.

Pero los versos si son buenos
no dejan de escarbar

con rimas que remueven losas
que cubren unos traumas.

¡A cuántos que me fallaron
les clausuré mi ser,

sin darle tiempo al tiempo
de irse por las ramas!

¿DE QUÉ HABLABAN ENTRE SÍ…?

¿De qué hablaban entre sí
Caín y Abel antes del crimen?

Uno pastor y el otro agricultor,
no les faltarían temas de plática.

Por qué escogiste esa profesión
y no la mía, por ejemplo.

Ahora cosecharíamos el doble de trigo.
Ahora tendríamos el doble de cabras.

Es factible que la charla fuera por ahí
entre Abel y Caín.

Me has decepcionado, hermano.
Te saliste con la tuya, amigo.

¿Por qué la Biblia no recoge nunca
las conversaciones?

Se ha hablado mucho del asesinato
perpetrado por Caín,

pero ¿dónde están las bromas
junto al fuego, de noche, cansados

los dos y con ganas de dormir,
zahiriéndose mientras comen?

Este cabrito tuyo sabe a orina, hermano.
Esta cebada que me diste huele a estiércol.

¿Por qué a la Biblia le gustan los delitos
y calla los sencillos sinsabores,

esos que al otro día se resuelven
con una zancadilla o un empujón?

Uno pastor y el otro agricultor,
no les faltarían temas antes del crimen.

NO, NO ES CIERTA LA HISTORIA QUE CUENTAN

No, no es cierta la historia que cuentan,
no fuiste en las naves de sólidos bancos,
jamás conociste los muros de Troya.

«Palinodia de Helena».
Estesícoro de Himera (630 a. C.)

No, no es cierta la historia que cuentan,
jamás conociste los muros de Troya
y el rapto de Paris fue un sueño.

Naciste y moriste en Esparta,
tu casa era una casa, no un palacio,
y Menelao, un hombre sencillo del campo.

Nunca te preguntó Príamo
en lo alto de los muros de Troya
quiénes eran los grandes

del ejército griego, y tú no dijiste:
aquel es Aquiles, aquel otro Agamemnón,
aquel de más allá Ulises…

Pusieron en tu boca esos nombres
y así te recuerdan los siglos,
señalando con el brazo extendido,

tu blanco brazo, Helena,
que soñaban con ver los crédulos
soldados que por ti dieron la vida,

que buscan desde siempre
a una Helena
por quien valga la pena morir.

No es cierta la historia que cuentan,
ni es seguro que hubo
esa guerra de tanto relumbre,

pero te soñamos todavía
pronunciando esos nombres
en tu querido idioma

que no podías hablar con nadie.
Solo esas dulces sílabas te unían
a la otra Helena, a la esposa

antes del arrebato aquel
que dio de hablar
a toda Grecia y sus alrededores,

y aunque sepamos que no es cierto,
que Troya era una aldea
y tú una humilde ama de casa,

la imagen de tu brazo
y abajo los soldados que por ti
dieron la vida, no se borra.

ESCOGÍ LA CERA EN LOS OÍDOS

Escogí la cera en los oídos
cuando Ulises me ofreció amarrarme
al mástil para oír a las sirenas.

Escogí remar junto a los otros
y pasar de largo. Le dije a Ulises
que prefería los remos a los cantos.

Le dije que pasáramos de largo,
pero él quería oír a las sirenas
y me ofreció amarrarme al mástil

para escuchar sus voces
celestiales. Dije que prefería
el canto de los remos a esas voces.

Fui yo quien puso a los muchachos
la cera en los oídos,
pero no me alcanzó para los míos.

Sin cera en los oídos
y sin estar atado al mástil,
fui el remero más libre de la tierra.

Sin cera en los oídos,
el ritmo cadencioso de los remos
fue el solo canto que escuché,

el menos celestial, al que me ataron
de por vida las sirenas.
Con Ítaca a la vista, los demás

se fueron apeando y solo yo
no pude, pasé de largo y soy
el único que rema todavía.

V

SE HAN IDO TODOS LOS AVIONES

Se han ido todos los aviones,
cansados de dar vueltas sobre el aeropuerto.
Se han ido en busca
de un cielo más benigno que este.
La torre de control ha sugerido
que nos fuéramos también
y el capitán les contestó
que cree que puede aterrizar aquí.
Conoce bien el aeropuerto
y yo conozco bien al capitán.
Si él lo dice es que sabe que es factible.
Van dos intentos fallidos
por culpa de la niebla
y la velocidad del viento.
El de Japan Airlines fue el último en rendirse.
Tal vez ya aterrizó con éxito
en el aeropuerto alternativo,
a unos doscientos kilómetros de aquí.
Nos queda combustible
para uno o dos intentos más,
en espera de que el cielo se abra y podamos ver la pista.
Se han ido todos los aviones,
cansados de dar vueltas,

y el capitán conoce este aeropuerto como la palma de su
mano.
Será un aterrizaje en un aeropuerto extraño,
porque se han ido todos en busca de otro cielo.
Solo nosotros no nos hemos ido.
No se ve nada y no nos hemos ido.
No se ve nada, le digo al capitán.
¿Eso será lo último de mí
que oigan mis hijos: No se ve nada?
La caja negra, como la vida,
repleta de últimas palabras.

AMOR, NO TEMAS

Amor, no temas
si el avión cae en picada,

hoy los fabrican
para llevarnos a un más allá
exento de castigos.

Apriétame la mano
si se precipita,
tal como está escrito
en el respaldo del asiento.

Olvida el cinturón,
no es de ninguna utilidad
en una caída libre,

y no lo digo yo
sino el letrero luminoso.

Cuántos letreros, ¿te has fijado?

Son tantos que en un vuelo largo
los pasajeros acaban por hablar inglés.

Si caemos mientras duermo
apriétame la mano suavemente,
tal como lo aconseja el instructivo
que está en la bolsa frente a ti.

No me despiertes,
hoy los fabrican
para llevarlo a uno
al más allá sin miedo

y no hace falta rezar
ni pedir perdón,

como nos lo advierte
antes del despegue
con sus brazos
la azafata.

HONOR A AQUELLOS QUE EN SU VIDA

Honor a aquellos que en su vida
se han decidido a defender Termópilas.

CAVAFIS

Honor a aquellos que en su vida
habitan cerca de un aeropuerto.
No los amedrenta el ruido
ni el riesgo de vivir a merced
de algún despegue o aterrizaje equivocados.
Han aprendido a apresurar sus frases
cuando en el cielo se anuncia
el arribo de otra aeronave,
por eso sus charlas apenas se resienten
del tráfico aeroportuario,
y se ufanan de conocer
el vientre de esas bestias como nadie,
y más honor merecen muchos de ellos
que no han volado nunca
y no están interesados en hacerlo,
y si lo hacen,
apenas se asoman, con el avión bajando,
a buscar su calle o su casa,
porque esa altura que resume
en una geometría de trazos burdos

el afanoso hormigueo del barrio
les causa indiferencia.
Sostenerse en el aire no es volar
y nadie mejor que ellos lo sabe,
al convivir con esas moles
que pasan rasando las azoteas de sus casas.
Solo Ícaro vivió la altura
con la fuerza de sus brazos,
solo él se elevó con los ojos abiertos
y supo, al vernos tan criaturas,
que su vuelo era el último.

¿POR QUÉ COMO SI ESTUVIERAN VIVOS…?

Perché come se fossero
Vivi vestiamo i morti?
GIOVANNI GIUDICI

¿Por qué como si estuvieran vivos
vestimos a los muertos?
Este que jamás usó corbata
luce una de sapiente nudo
que jamás habría soñado.
«Quítenle ese nudo, que se ahoga»,
se escucha junto al féretro,
y algún valiente se lo afloja.
«Para que esté más cómodo».
«Sí, para dejarlo ir a gusto».
Aflojar nudos, entre los vivos
como entre los muertos,
para dejar el viaje en otras manos.
Lo saben los deudos, que susurran:
Él sabrá en el más allá quitarse el resto.

MARINERO DE AGUA DULCE

Marinero de agua dulce,
tu río no desemboca en nada
más grande que otro río,
que es afluente de otro,
que es afluente del mar,
el mar que te queda lejos
dos ríos, que es como decir
lejísimos. Haz tu trabajo,
marinero de agua dulce,
conforme con las orillas y lejos
de la sal de la vida: el horizonte.

LEO UN LIBRO SOBRE VEREDAS

Leo un libro sobre veredas,
atajos, senderos y zanjas,
los creados por bestias y humanos
y también por deslaves de tierra,
por caídas de troncos y piedras,
todas las brechas, las rutas,
las líneas de menor resistencia
por donde fluía el agua de lluvia
y salían a cazar las hormigas,
los rastros, los trazos, los surcos
abiertos a fuerza de fe
para eso que siempre quisimos: dar pasos,
pisar sin mirar,
dejar para los pies el camino
y para la cabeza la vida profunda.

NADADORA DE AGUAS SALADAS

Nadadora de aguas saladas
que desprecias las albercas
donde los nadadores de los cuatro estilos
se arrebatan récords
que solo duran unos meses.

Dando brazadas contra la corriente
tu único estilo es el cansancio,
el gran cansancio
de ser un pez de superficie.

¡No poder hundirse y solo poder flotar!
El mar no conocía esa amargura,
nadadora de aguas abiertas,
que cada cinco o seis kilómetros expele, como un cetáceo,
un dulce surtidor de vómito, y prosigue.

El sol se ha puesto
y una gaviota te trae noticias de la tierra.
Aguanta un poco más.
Ya se encendieron las primeras luces de la orilla.
Como un antiguo náufrago,
vas a salir del agua en brazos de otra lengua.

LUNA DE DÍA

Luna de día,
¿sales al patio justo ahora,
cuando en el colegio
no se oye volar una mosca?

Vete, porfa, tengo todas
las respuestas del examen
en la punta de la lengua.

Escucha: tenemos la cabeza
en otras cosas,
no nos vengas con tu cuento.

¡Tanto azul conspira
contra ti y te tiene
en la punta de la lengua!

YO SOY EL RÍO DE HERÁCLITO

Yo soy el río de Heráclito
y aparezco en todas las guías turísticas de Grecia.
Hileras de bañistas se forman para entrar en mis aguas.
Se quedan un minuto exacto
y les dan una toalla para que se sequen.
Por razones de higiene hay un letrero que reza:
Prohibido secarse dos veces con la misma toalla.

VI

SIEMPRE ME HA GUSTADO EL CUBISMO

A Tomás Segovia

Siempre me ha gustado el cubismo,
de pequeño besaba los brazos de mis tías,
iba de un brazo a otro cuando estaban juntas,
fue mi iniciación en la gozosa revoltura de líneas del cubismo,
porque los cubistas tenían sed de besos,
al diablo la pátina de ensueño del impresionismo,
vengan los brazos y las piernas y las bocas
y los cuadros que no se entienden,
porque tanto color se lleva mal con el entendimiento,
hasta el cubismo no supimos qué es una nariz,
qué forma tienen una oreja y una silla,
qué es la música lo supimos
hasta ver las cuerdas de las guitarras del cubismo,
la quintaesencia del cubismo es el cubismo,
un cuadro cubista es siempre el último cuadro,
adoré a mis tías que me adoraron
y adoré sus brazos como se adora un Picasso,
he adorado los besos
y he besado sin orden ni concierto,
como mis tías me enseñaron a besar,
como los cubistas se enseñaron a pintar,
sintiendo que plasmaban besos sobre un lienzo.

QUÉ HERMOSO CALCETÍN

Qué hermoso calcetín
que quedó solo,
he buscado y rebuscado
y no encuentro su par,
y cuanto menos lo encuentro,
más hermoso me parece.
Lo pongo a lavar
como una prenda más
y creo que me agradece
que no lo aparte del resto
(ha de ser triste quedarse seco
mientras los otros van
a darse un chapuzón),
y en el cajón que se llenó de nuevo
hundo otra vez mis manos,
a ver si ahora tengo suerte,
y si de casualidad
el par se recompone
(sucede entre los calcetines),
tendré cuidado a la hora de ponerlos
de estirarlos bien
y me pondré unos pantalones cortos
para que no haya duda de que salí a lucirlos.

ME BAÑO, TE ESTÁS PENDIENTE DEL TELÉFONO

Me baño, te estás pendiente del teléfono,
ella le dice,
y mientras él está pendiente del teléfono,
se baña.
Él deja de atender lo que le pide
por escuchar el chorro de la regadera
e imaginar los gestos de ella que se baña.
Responde, están llamando, le grita ella,
que no ha dejado de prestar oído desde el baño,
sabiendo que él está pendiente de su cuerpo
desnudo bajo el agua,
y él pide mil disculpas mientras corre
a contestar. Pero no le responde nadie.
Colgaron, grita, y ella sonríe.
Solo quería asegurarse de que él estaba
pendiente de su cuerpo y no del timbre.

NO ESTABA EL SOL PEGANDO EN LA AZOTEA

No estaba el sol pegando en la azotea,
las sábanas colgadas se aburrían.

Perder el agua así, estando quietas,
sin un rayo de sol que las embista…

Cómo añoran, colgadas de las cuerdas,
a ese dulce tirano que las pisa.

EL OLIVO MADURO

El olivo maduro,
caído,
camino a la descomposición,
da las gracias al árbol
que lo hizo crecer.
Agradece el tronco,
las ramas, las raíces,
la corteza que tuvo.
Era solo un olivo como hay tantos
y el árbol lo tomó en sus manos
siendo un brote indeciso.
Era un olivo que no sabía
que lo era
hasta que el árbol se lo dijo
con la madera y las hojas.
Se supo olivo
y no pudo imaginarse
nacido para otra cosa.
Se supo árbol desde entonces
hasta el último día
con cada nervadura,
y ahora, caído, tumbado por el rayo,
no se arrepiente
de ningún fruto y de ningún pájaro.

BIENAVENTURADO EL LAGO

Bienaventurado el lago
que no alcanzó a tener un nombre
en esta tierra.

Dejó de existir antes del comienzo de la vida
y reflejó una estrella que ya no está.

Un reflejo que nadie vio.

Un reflejo que nadie ve ¿es un reflejo?

El lago no alcanzó a tener un nombre
pero sabemos que estuvo
y reflejó una estrella desaparecida,

un reflejo que suponemos
de una estrella que imaginamos

sobre un lago ya extinto.

DIVIDE UNA PIEDRA

Divide una piedra
y tendrás dos piedras
que estaban unidas
desde el comienzo de los tiempos.

Divide una montaña
y tendrás dos montañas
que esperaban ser nombradas.

Corta un poema
a tu antojo
y obtendrás el fragmento
de un poema antiguo.

Piedras, montañas y poemas,

si los partes, cada todo
de sus partes es tan viejo
como el todo del inicio.

Piedras, montañas y poemas,
cada vez que los divides
se te niega su secreto.

NADIE COMPRUEBA LA VERDAD DE UN EPITAFIO

Nadie comprueba la verdad de un epitafio,
ese horóscopo invertido
que predice lo vivido y no el futuro.
Nadie al final del día relee su horóscopo
para saber si fue engañado.
Que se nos dé nuestro epitafio recién nacidos
y cada cual haga su vida
acorde con su tumba y no al revés.
Que se nos den esas palabras
sin haber dicho todavía ninguna
para que alumbren el camino de las otras.
Los que las lean en su paseo entre las lápidas
se quedarán con su lisonja en el oído
y las olvidarán a la salida,
como olvidamos al final del día el horóscopo
leído en la mañana.

TE BASTÓ UNA MIRADA PARA ELEGIR

Te bastó una mirada para elegir
como tu hogar de una noche
este cuadrado de tierra en el bosque.
Mañana, cuando desarmes la tienda,
no olvides mirar antes de irte
la marca en el pasto que dejas
y verás con cuán poco te alcanza
para estar bajo el cielo, dormido, tú solo.
Verás tu tamaño real en el todo.

NINGÚN PÁJARO LO BUSCA

Ningún pájaro lo busca.
Su desnudez repele a las hormigas.
Lo acosan las raíces enemigas
que van a derrumbarlo.
Cuando caiga,
su ausencia en el rincón que ocupa
nos causará una turbación
que durará unos días,
luego el jardín,
en una lenta combustión
que no produce humo ni cenizas
y no depende de cuán dura
fue la madera que lo tuvo en pie,
se encargará de convencernos
de que jamás gozamos de su sombra.

TODO ÁRBOL CRECE TORCIDO

Todo árbol crece torcido,
las raíces luchan con otras raíces,
sortean cascajo y madrigueras
de animales,
arriba las ramas
se adelantan a otras ramas
que les impedían el paso.
Todo lo que quiere crecer
debe crecer torcido,
hacia arriba o hacia abajo.
¿Qué es el tronco sino
una torcedura de la planta,
que crece reprimiendo las ramas
hasta dar con el piso soñado?
Sin ese sacrificio
no habría un espléndido follaje, ni sombra,
ni pájaros cantando, ni frutos cayendo,
todo sería vil hierba, pasto y trigo.
El tronco, el retorcido,
la antesala de los frutos.
Todo lo que se retuerce
es peldaño
para alcanzar lo que cuelga,
lo sabroso,

y para cuando te canses
de ser mono,
dejar las ramas y bajar al llano.

ESE POETA TENÍA EL ORGULLO

Busco un país inocente.
GIUSEPPE UNGARETTI

Ese poeta tenía el orgullo
de no haber odiado a nadie.
Buscaba un país inocente.
Yo busco un país sin ruido.

¿En qué mundo vivías, Giuseppe?
¿Oíste alguna vez cómo retumba
un bajo eléctrico, cómo atraviesa
las capas de cemento y de ladrillo?

No hay países que valgan la pena,
Giuseppe, desde que existe
la rueda del volumen
que dispara el jolgorio.

Un leve giro a la derecha
condena a la angustia
a diez familias, ocho gatos,
cuatro perros y tres pericos.

Te estremecían en la trinchera
los cañonazos de la artillería enemiga.
A mí, que vivo en otra época,
el tum tum tum de las bocinas.

¡El momento en que al fin
sobreviene la calma
y me quedo en suspenso, temiendo
que empiece todo otra vez

y me digo cobarde
por no haber ido a partirle la madre
al amo y señor de mis paredes,
que son las paredes de ambos!

Siempre dejo, iluso de mí,
un resquicio de arreglo,
creo que siempre es posible
encontrar al final

a un hermano, a un sujeto
que puedo mirar a los ojos,
porque el asunto en el fondo
no es tanto el ruido

sino el alma del otro, en saber
si la tiene o si está desprovisto;
no son los decibeles,
sino el ser imbécil o no serlo.

Está el estupro entre las piernas
y está el estupro de los muros,
el bajo eléctrico que incide
en el diafragma del estómago,

igual que se traspasa un himen.
Una mujer que violan,
cuando al final del día se acuesta,
descubre una vez más

que la violaron en los párpados,
no en medio de las piernas,
y la dejaron como las estatuas,
sin poder cerrarlos,

y así se queda en vela preguntándose
si algo le queda de virginidad,
al menos en la piel y en la mirada,
en cómo se mueve y en cómo habla.

Perdemos la virginidad
todos los días, pero el estupro
es otra cosa: se corta el hilo
que te unía a tu risa,

tu risa se enrolla y se guarda
como alfombra en un sótano,
hundida en su misterio
como los párpados de las estatuas,

y para que sepas Giuseppe
por donde andamos,
te suelto esta: ya no hay trincheras,
esas donde nació tu poesía,

porque no hay donde guarecerse
ya, donde esconderse
y solo queda correr y correr
como un rebaño de cebras.

CHOCAN ENTRE SÍ LAS PLACAS TECTÓNICAS

Chocan entre sí las placas tectónicas,
adentellándose en los bordes, una consigue
elevarse y someter a la otra,
y al chocar crean montañas, que crean
climas; gira la Tierra ensamblada
por esas colisiones
que despertaron al planeta del sueño de la roca.
Y sin embargo el mapa que forman
debajo de los continentes
no se enseña en las escuelas,
en donde apenas se pronuncia su nombre
y no se dice que respirar en el cosmos es un lujo
que se debe en gran parte a que están desunidas.
Terremotos y tsunamis son un precio muy bajo
para este extraño recreo que llamamos corteza,
hecha a base de roces de placas contiguas,
y habría que rezar cada noche no a Dios,
que no existe, sino a las placas tectónicas
porque no se cierren,
porque no cicatrice el mundo.

ÍNDICE

I

II

III

IV

V

VI

Esta primera edición de *Canción segunda*
se acabó de imprimir en Madrid,
el veintiocho de septiembre de
2024, fecha de la muerte de
W. H. Auden (1973).